AF378835

DE AMORES, AMISTADES Y REALIDADES

Natalia Aramburu

DE AMORES, AMISTADES Y REALIDADES

EDITORIAL
LETRA MINÚSCULA

Primera edición: julio de 2022
ISBN: 978-84-19470-41-6
Copyright © 2022 Natalia Aramburu
Editado por Editorial Letra Minúscula
www.letraminuscula.com
contacto@letraminuscula.com

Quiero dar las gracias a todas aquellas personas que fueron y son parte de mi vida; a las que me inspiraron a transformar sentimientos en poemas, a las que me ayudaron a que me dé cuenta de que escribir poemas es una Ayuda para también descargar los dolores del alma; los poemas son enseñanzas, son mensajes que nos ayudan a superar, a comunicar.

También quiero agradecer a todas las personas que me ayudaron a cumplir un sueño que era impensado para mí. A mi familia por empujarme hacia mi objetivo, de dar un mensaje a través de este libro.

Gracias Zelita por darme el impulso final, con tu partida entendí que era hora de también cumplir mi sueño.

Índice

PRÓLOGO

Natalia, se ha demostrado a sí misma que tiene la valentía necesaria para iniciar un camino y la perseverancia para llegar a destino, y ver su sueño cumplido.

Sabe que la vida es dar y recibir. Observa con ojos inquietos a sus pares a su alrededor y supera los dolores y las ausencias con coraje. Tiene la sabiduría que da vibrar y sentir con cada amor y eso es vivir plenamente.

Para ella, tener la capacidad de gozar de cada emoción, es ser capaz de observar para comprender que para realizarnos como seres humanos, lo único que tenemos es nuestro tiempo hoy, sin ayeres ni mañanas.

Cuando no sabe si reír o llorar, si es tristeza o melancolía, escribe… Suelta la emoción que hace vibrar su corazón y lo transforma en poema.

Dicen que la lealtad de su corazón y la humildad de su alma es el tamaño de la grandeza de una persona.

Las raíces de la amistad son más importantes que el tamaño del árbol y no están ausentes en la prosa escrita.

En De Amores, Amistades y Realidades, Natalia Aramburu rinde tributo a esos amores que estuvieron, a los que están y a los que se fueron, pero viven eternamente en su alma.

Silvia Norma Bazán.

VEINTISIETE AÑOS DE VIDA

Tantos recuerdos vividos,
tantos sueños cumplidos,
tanto camino recorrido.
Una huella imborrable
en nuestra vida dejaste;
tantas historias contadas
como si las hubieras vivido;
tantas otras truncadas
por el episodio sucedido.
Te fuiste una mañana
cuando nadie lo esperaba,
eras una escritora tan amada
que jamás serás olvidada.
Eres ahora la estrella que brilla
en el firmamento,
te recordaremos en innumerables momentos;
tus libros son parte de nosotros,
siempre nos quedarán guardadas
las frases de miradas azucaradas.

ESTE ES MI AMOR

Este es el amor que tengo y no recuperaré,
que por querer regalé, que por no
escuchar mi corazón, el viento se llevó.
Y como una trágica historia
difícil de contar, esta perdurará
en el tiempo y nunca se ha de borrar.
Es un sentimiento fuerte y siempre lo será,
el lazo que a él me une nada lo romperá,
las estrellas en el cielo testigos serán
de la unión de un amor
que va más allá.
Y aunque en un largo desierto
me tenga que internar,
nadie ocupará tu lugar,
eres irremplazable
eso ya lo sabrás.

UN NUEVO AMOR HA LLEGADO

Un nuevo amor ha llegado,
dándole vida a mi alma, esa que se fue
cuando de mí te olvidaste.
Un nuevo amor ha llegado,
por un lejano horizonte,
dándole vida a mi vida,
dándole sueños a mi alma,
que ya estaba en la eternidad dormida.
Justo llegaste cuando mi mundo se había acabado.
Eres esa espera que me da luz cada día,
y siento que es mi vida revivida.
Un nuevo amor ha llegado,
Y, junto a él, una gran felicidad
que nace desde adentro, y mucha alegría causará.
Un nuevo amor ha llegado,
para un mundo eterno de dicha y prosperidad,
vino para sacarme de esta terrible oscuridad,
hasta que llegaste tú, un nuevo amor,
que de dulzura llenó mi corazón.

ILUSIÓN PERDIDA

Más aire es lo que necesito
para poder respirar
y a mi espíritu tranquilizar.
Tengo alma de suicida
porque mi corazón entrego,
me desengaño y me muero
poco a poco con desconsuelo.
Sucede que en realidad
la verdad no se puede callar,
y hoy tarde me entero
lo que fui para ti,
yo, tratando de ser feliz,
sin querer te perdí,
pero si todo lo que decís es verdad,
cómo me enceguecí
al punto de que perdí
la posibilidad de ser feliz.
Engañé a mi corazón
creando una ilusión;
hoy no quiero olvidarte,
por eso te recuerdo, con dolor
y desconsuelo;
no es verdad que estoy contenta

porque tú estás feliz,
no puedo negar que me embarga
la infelicidad, una ilusión
que es mentira y hoy
estoy arrepentida.

ENCONTRÉ UN CAMINO

Que lleva a mi corazón
pero debo decirte hoy
que creo que se borró;
una huella quedó
de todo lo que fue amor,
que con el paso del tiempo
todo se terminó.
Hoy solo acostumbramiento
queda en lugar del amor,
y se aparecen personas
a las cuales se lo doy.
Sé que son doce años
de amor, creo yo,
algo que ya no está,
algo que se borró.
De la noche a la mañana
sin pensar, sin querer,
solo sé que tengo hoy,
un poco de amor
para darle a otra persona,
que no sé si sos vos.

AQUEL AMOR

El amor que me hiciste sentir
poco duró, o tal vez nunca existió,
eso solo tú lo sabrás.
Solo quedó una triste soledad.
Ni siquiera cerca de mí la puedo
rechazar.
El calor de otro cuerpo
la puede alejar,
alguien que da calor con
sus tibios rayos de sol,
alguien que con su mirada
el cielo me hace tocar,
alguien que con su presencia
me puede la vida alegrar.

TE FUISTE CON LA NOCHE

Dejando una ilusión
tu regreso es lo que
ocurrió hoy.
Me aferré a tu amor
y fue una equivocación,
me aferré a tus palabras,
tan sinceras, tan claras.
Si tan solo pudiera demostrar
que esto que pasa
es más que amistad,
pero sé que si te aclaro
todo lo que siento,
estaría corriendo
un gran riesgo, y
no quiero que te vayas
de mi lado.
Me aferré a tu amor,
no solo yo, también mi corazón,
y cada día que pasa
me he de preguntar
cuándo has de regresar.

DECIME DÓNDE QUEDARON

Todos los momentos que pasaron,
¿están en tu corazón?,
¿o en un baúl de recuerdos?,
¿en una habitación?
¿Dónde dejamos el amor
que quedó y que por
malos momentos se desvaneció?
¿En qué valiosa ilusión
se perdió tu corazón?,
¿en qué momento sucedió
todo ese abismo que
nos separa hoy?
¿Quién me puede decir
dónde quedaron
esos recuerdos grabados y
en qué corazón se guardaron?
¿En el tuyo?, ¿en el mío?,
¿o en el de algún extraño?

PASIÓN

Fuego que crece en mi corazón
y no se puede aplacar,
solamente con tu presencia
se lo puede apagar.
Pasión desenfrenada y extraña
que siento por vos,
que me angustia y que me mata,
porque sin ti no puedo vivir,
quiero olvidarte y no puedo,
quiero arrancarte de mi vida,
pero me es imposible, mi amor,
estás en mi mente y mi corazón.
Y si te arrancara, simplemente
dejaría de vivir, y no sé si
lo quiero, aunque viva,
atormentada, engañada.
Hoy amas a otra mujer,
daría yo mi vida para que esa fuera yo
la que vive, la que te sueña,
la que respira y escribe
los versos para vos.
Pero tan egoísta me he vuelto
que no quiero que con otra seas feliz,

por eso esta pasión que siento
me es un tormento
del que no puedo salir y
no me deja vivir,
y por eso quiero arrancarte hoy
de mi corazón.

EN LA INMENSIDAD DE LA NOCHE

Cuando caminaba
te encontré a ti;
fue como si te conociera,
como si me conocieras,
y entregué a ti mi corazón;
miles de cosas vas a vivir,
miles de cosas te voy a decir,
miles de cosas vas a sentir.
Nuestros cuerpos nunca se tocarán,
solo un roce de nuestras manos existirá,
¿es que acaso no me amas?
«Te amo como a una hermana», dirás,
pero ese amor nunca se confundirá,
porque somos amigos, nada más,
y si es amor lo que sientes
esta amistad terminará.

TÚ ME DIJISTE ANOCHE

Me gustaría ser un
ángel para tus sueños cuidar,
para observarte dormir.
En tu cama poderme sentar y
cuidar de que no te vuelvas a despertar;
yo te diré esta noche
que quiero que estés aquí,
es que mi alma te aclama,
es que mi piel te llama.
Mi corazón necesita de tus palabras,
que con solo decirme una
ya me sonríe el alma.
A lo mejor necesito un poco de tu amor;
tarde llegué a tu vida, tarde llegó mi amor.
Tú me dijiste anoche:
«Te dejo un beso,
un pensamiento,
una flor».
Yo te diré esta noche:
«Te dejo mi corazón
con todo el amor
que tiene para dar».
Sé que con tu amor lo sabrás cuidar,

y una noche que despierte
sé que conmigo has de estar,
cuidando de que no despierte,
sintiendo mi corazón y
sabiendo que cada latido
va junto a vos, mi amor.

¿POR QUÉ?

¿Por qué, corazón, te niegas
a conocer el amor?
¿Por qué te niegas
a tener una ilusión?,
¿será acaso temor
a que te digan que no?
¿Será que piensas como aquella vez
que tuviste una ilusión y en el
vacío desapareció? Un corazón
herido jamás es reconstruido.
¿Por qué?, dime, ¿qué es
lo que sucede hoy? ¿Acaso
aquello que una vez te condenó
regresa en tus recuerdos más tristes,
haciéndote sentir dolor?
Pero si ello está olvidado
y enterrado en el pasado.
Solo necesitas una ilusión
que reviva el amor
que guarda tu corazón.

ME FALTAN LAS PALABRAS

Y no sé cómo encontrar
inspiración, ¿será que mi
musa se marchó?
¿Será que todo te lo di
y que nada recibí?
¿Cómo le explico al corazón
que está muriendo de amor,
que no hay espacio para mí?
¿Que no hay más nada que decir?
¿Cómo hago para resistir
el intento de saber de ti?
¿Cómo hago para calmar
las ansias de volverte a escuchar?
¿Cómo le digo a mi corazón
que una vez te marchaste
diciéndome adiós?
Qué terrible soledad tendré que
enfrentar, qué terrible sentimiento
hoy siento y no lo pude decir
cuando te alejaste de mí.
¿Cómo sobrevivo a este amor
que va marcando mi corazón?

¿DÓNDE ESTÁS?

Me pregunto a veces, cuando
no te puedo encontrar,
en qué camino me perdí,
que me alejó de ti.
En qué ilusión me quedé
de qué corazón me enamoré,
¿Cómo es que todo lo di
y simplemente te perdí?
¿Acaso de nada sirvió
todo el amor que te entregué?
¿Acaso solo fui un juego
que no supe reconocer?,
qué ciega estaba de amor,
que todo pensaba dejar
y solo contigo estar.
Me pintaste una ilusión,
cubierta toda de amor,
y con palabras bonitas
enamoraste mi corazón
y un día, simplemente,
todo se esfumó.

LEYENDO

Leyendo libros aprendí a entenderte,
leyendo cartas aprendí a conocerte,
leyendo tus ojos pude ver el dolor
y en tus manos encontré el amor.
Un amor tan bonito
que se puede pintar con tus hermosas
manos, el cielo se puede acariciar,
y si es que todo es amor, ¿cómo
es que a mi lado no estás hoy?
¿Por qué es tan difícil amar
si es lo más hermoso que
uno puede sembrar?,
y es lo más hermoso que
yo te pude entregar.
¿Cómo es que un corazón
que todo lo sintió
puede sobrevivir al tiempo,
al olvido, a la soledad y al
hastío de la realidad?
¿Cómo es que un amor
se puede volver a encontrar?
¿Cómo se reconoce cuando no hay
sinceridad, solo palabras bonitas,
solo frases al azar?

DAMA NOCTURNA

Caballero nocturno que has de velar los
sueños de tu dama que no te deja de soñar,
bajo la luna llena se tiñe de color el cielo,
rojo y azul, naranja fuego, y es que tus manos,
tan suaves como la seda, pueden acariciar
la piel aterciopelada de tan ansiada dama.
Y un millón de estrellas, testigos en el cielo,
te abren camino a un ansiado deseo,
son unos labios que al amanecer pretenden ser besados.
Tus dulces poemas que embargan mi corazón,
tus dulces palabras que llegan a mis oídos
como la más dulce brisa, que hacen más fáciles
las dificultades de la vida, hacen que todo sea alegría
en el alma mía.
Y aun cuando los pájaros ya no canten,
cuando el brillo de mis ojos se refleje
en tu rostro, y lleguen tus suspiros a mi corazón,
déjame decirte, amor, que beberme el néctar de
tus labios como el agua cristalina es lo que más
ansío hoy.
Sorbo a sorbo de tu boca, como la más dulce miel,
las gotas de tu amor en mi piel y en mi corazón.

NO ESTÁS

No estás, y mis pensamientos vuelan
a un lugar para pensarte, para soñarte;
un lugar lejos de mi corazón,
un lugar donde se puede alcanzar
la ilusión de tu amor.
Un camino donde nada es difícil,
donde todo es felicidad, un lugar
donde te puedo encontrar.
No estás, y mi mente no te deja
de pensar, no te dejo de necesitar.
¡Oh, Dios! ¿Cómo es que puedo estar
sin ti?
¿Cómo es que esta necesidad
aumenta más y más?, ¿cómo
es que puedo sobrevivir?
¿Debo seguir o simplemente renunciar a ti?

UN AMOR

Me susurra el viento tu nombre,
me muestra la noche tu rostro
y la brisa como el rocío de
la mañana me muestra
tu mirada.
Y la oscuridad de una habitación
hace que recuerde todo lo que
viví junto a vos.
Todos momentos felices
hasta que terminó el amor;
eso no es algo eterno,
pero cuando se va, deja dolor.
Un amor insuperable,
un amor interminable,
un amor que me hace
recordarte.

¿QUÉ ME HICISTE?

¿Qué me hiciste que ya no puedo dejarte en el olvido,
que no resisto una noche que no estás conmigo?
¿Qué me hiciste, amor,
cuál es el secreto de tan buen hechizo,
que desató de repente este amor bravío?
Solo en las noches siento el hastío
de no tener tu cuerpo junto al mío.
¿Qué hiciste, amor, para enamorarme,
para despertar esta pasión que siento
después de mucho tiempo?

HOY

Hoy con una noche estrellada te veo caminar.
¿Vas en busca del amor o de la felicidad?
En este mismo instante, no te dejo de pensar,
¿es acaso posible que algo de esto sea verdad?
¿O solo son mis ganas de que sea realidad?
Necesito al destino que me dé oportunidad
de cruzarme en tu camino y que te dejes amar.
Y si es acaso posible encontrar
felicidad, solo puedo decirte
que está en ti aceptar o no aceptar.

CUANDO YO YA NO ESTÉ

Cuando yo ya no esté y
me recuerden en las noches,
en sus primeras palabras,
en su primer caminar y
los consejos que daba
en cada palabra escuchada
o solo con la mirada.
Solo piensen en lo bonito
en cada momento vivido,
en cada sonrisa que di
cuando los vi venir
y que no los ahogué
el momento pues aquí
soy feliz, ascendí para descansar
después de tanto andar.
Vivan su vida con felicidad,
que desde el cielo infinito
yo los he de acompañar
y por las noches frías
los he de arropar.
Siempre cumplan sus objetivos,
atrévanse a volar, que su padre,
hijos míos, siempre los ha de cuidar.

DESPACIO

Despacio se va borrando
la brisa de tu recuerdo y
el amor que alguna vez tuve
ya no es un mal sueño.
En el horizonte de la noche,
cuando todo es oscuridad,
cuando todo está perdido
y nada se puede encontrar,
una luz a lo lejos un camino
intenta mostrar.
Y te surgen las preguntas:
¿Qué debo hacer?
¿Cómo debo reaccionar?
¿Cómo abro un corazón
que tan herido está?

¿Cómo junto los caminos?,
¿cómo enlazo los destinos?,
¿cómo me quito el dolor
que me dejó un amor?

VOLVER A EMPEZAR

Si tuviera que volver a empezar
muchas cosas cambiaría, otras dejaría igual,
los momentos vividos con una persona especial,
esos los recordaría cuando todo esté mal,
de momentos felices se trata la vida,
cuando estamos acompañados por
personas queridas.
Si tuviera que volver a empezar,
muchas cosas cambiaría, otras dejaré igual,
buscaré en mi camino la felicidad,
con personas que me quieran acompañar.
Si tú estás en mi camino y me quieres abrazar,
te invitaré a transitar conmigo el resto del camino.

DESTINO

¡Qué intrincado es el destino
que cruzó nuestros caminos!
¡Qué difícil es la pérdida de un ser querido,
cómo nos cuesta a veces superar estos momentos!,
es que el dolor es un hastío
que no tiene sentido.
Nos hundimos en un sufrimiento
difícil de superar, pero llegado el momento
lo tenemos que afrontar.
La partida de un ser querido,
pensamos que siempre nos amargará,
pero es un desafío que debemos superar.
No es cuestión de olvidar,
es cuestión de recordar,
que la persona perdida
siempre nos acompañará.

POEMA A MAMÁ

Un poema a mi madre
quiero escribir
para honrar su persona y
lo que pudo vivir.
Es un homenaje a ella,
una gran mamá, hoy su
historia de vida en una hoja
quiero plasmar.

Por todas las cosas
que en su vida pasó,
por los buenos momentos
que nos brindó,
los te quiero que no pronunció,
los abrazos que no dio.
Quiero decirte, mama,
que siempre te hemos de amar,
que cuando llegue tu momento
de esta vida dejar, en nuestro
pensamiento siempre has de estar.
Y que cuando la vida se nos termine,
nos volveremos a encontrar.

SOBRE TU ESPALDA

Un poema de amor imborrable,
con frases célebres interminables,
con diferentes colores indelebles
y que en cada momento que lo veas
me recuerdes.
Que tenga también una rosa
y algunas magnolias,
o azucenas coloridas,
que son mis flores preferidas.
No nos olvidemos de las frases,
esas que son de amores inolvidables.
Esas que cuando las recuerde
me hagan extrañarte, pero no
mucho, porque he de volver
a buscarte.

UNA CANCIÓN PARA MÍ

Hoy quiero escribir una canción
para un corazón que empieza a latir,
para un corazón que empieza a sentir
versos de amor que llenan de ilusión,
que con tinta indeleble he de escribir.
De mano en mano será nuestra unión,
de pueblo en pueblo entonaré esta canción,
con notas de amor que marquen nuestras vidas,
alegrando corazones y curando las heridas.
Plasmo un mundo lleno de ilusión,
en la fría noche de mi habitación;
mi inspiración no deja de imaginarte,
porque he nacido para adorarte.
Esta canción que escribo para ti
es de un corazón que ama con frenesí,
mi voz es pregonera de tu corazón
y mi alma inspiradora de tu canción.

TE VI

Simplemente te vi y fue enamorarme de ti.
Fue como si de toda la vida nos hubiéramos conocido,
como si te hubiese estado esperando,
hombre que te escapas de mí.
¡Qué daría por tenerte en mi vida!
Retenerte.
Nos conocimos en poco tiempo,
como si hubiéramos estado
destinados,
sin embargo, hoy no estás
y me duele recordarte, porque
sé que llegué a amarte.
Con ser amigos no me alcanza,
pues tengo miedo de enojarte
diciéndote lo que siento,
hombre por mí esperado,
te tendría a mi lado,
pero sé que morirías
recordando tu pasado y no
es lo que yo quiero
para alguien tan amado,
por eso dejaría que te alejes
de mi lado.

AMISTAD

¿Qué es la amistad? Es lo que nosotros tenemos,
es contarnos nuestros problemas,
es disfrazar los sentimientos que queremos negar,
es decirte las cosas para poder pelear,
es contarte mis dudas para que las puedas analizar,
para decirme qué decisión debo tomar.
O es aquel sentimiento que no se puede negar,
y que es mucho más fuerte que amar
y que no nos permite lastimar,
pero nos permite curar, nos permite sacar
de las peores situaciones a los demás.
Es descubrir que tenemos a una persona en quien confiar,
que nos puede ayudar a cambiar a los demás,
lo que nosotros tenemos es algo más que amistad,
aunque queremos cambiarlos, los sentimientos están,
sé que los queremos negar porque nos van a lastimar.
En tu caso te hacen recordar el pasado
que quieres olvidar y a mí,
el corazón me ha de quebrar.
Aunque justo precio tenga que pagar,
por haberte sacado de aquel lugar
que no te dejaba levantar, que no te dejaba soñar,
que no te dejaba de lastimar y que no te dejaba amar

a otra persona que estuviera en su lugar.
Es por eso por lo que esto es más que una amistad,
esto es un sentimiento, es volver a vivir,
decir que puedes reír,
que puedes ser feliz, decir que ya no sentís
que puedes herir.

CAMINO POR LA PLAYA

Camino por la playa y siento
la arena bajo mis pies,
es una noche estrellada,
las olas del mar están calmadas,
el agua podría estar fría, pero
tal vez esté templada,
solo falta que aquí estés frente a mí.
Voy pensando en tu mano tomar
y al mismo tiempo tus labios besar.
Infinitos recuerdos vienen a mí,
momentos que no he de volver a vivir
caminando por la playa,
con una noche estrellada,
veo que alguien se acerca,
pienso que eres tú que volviste a mí.
Solo era alguien que, a mi lado,
pasó y con lentos pasos se alejó.
Sigo andando y pensando
si he de volverte a ver
mi corazón late fuerte
cuando a lo lejos creo
reconocerte.

RAYITO DE SOL

Rayito de sol que entró
por mi ventana una mañana,
esa fue en una playa
de arenas blancas.
Sus rayos me trajeron
claridad cuando la
habitación estaba sumida
en oscuridad.
Iluminaste el lugar
y yo solo comenzaba a despertar.
Eres ese rayo que invita a soñar,
que invita a vivir la vida
en forma de aventura y
de manera divertida.
Eres esa luz que en el
horizonte aparece
siempre a la misma hora
pero de lugares diferentes.

VOY A ESCRIBIR UN POEMA

Un día domingo nublado,
podría hacer otra cosa,
pero la inspiración me ha embargado.
Se puede escribir sobre muchos temas,
como amor y desamor,
también las historias de vida,
también sobre las partidas
de las personas queridas.
Sobre los momentos vividos
hay algunos versos también
de la primera vez que me enamoré.
Los míos son variados,
por todas las cosas que he pasado,
hay muchos de amor
y otros de bastante dolor.
También hay de homenajes
a personas que conocí y
a algunas que leí.

INSPIRACIÓN

La inspiración me ha llegado
y tengo algunos versos en
mi mente guardados,
quiero volcarlos simples
y no hacer nada rebuscado.
Quiero escribir algo bueno,
que sea más de lo esperado,
que aquellos que lean
se sientan identificados.
Que lleguen a sus corazones,
que sientan amor e ilusiones,
que se identifiquen con ellos,
que los transporten a sus primeros
momentos.
La inspiración me ha llegado
y, si en estos tiempos están enamorados,
vivan los momentos que
creían olvidados.
Lleguen a los corazones,
creando nuevos amores,
creando nuevas ilusiones.
Hagan juramentos eternos
de amores y sentimientos.

PALABRA AMOR

Palabra dulce que es el amor
genera sentimientos y también ilusión,
que con el tiempo puede cumplirse
o no.
Es una palabra tan dulce,
Pero que nos genera dolor,
es bonito cuando está y
nos lastima cuando se va.
Nos deja recuerdos
difíciles de olvidar,
momentos felices que
con la persona amada
hemos de pasar.
Momentos que en nuestras mentes
quedarán,
marcas en la piel que no
se borrarán.
Esas primeras palabras
que he de recordar,
más momentos como este vivirás,
y por mucho tiempo esto durará,
para siempre contigo quiero estar,
pero sé que la felicidad en algún
momento terminará.

LINDAS PALABRAS

Lindas palabras salen de este corazón,
que van directo a vos,
que sos algo inalcanzable,
algo inolvidable.
Que jamás podré tener,
por eso estas palabras hoy
se dirigen a otro corazón
que dice sentir amor.
Amor por mí no aceptado,
porque aún no te he olvidado,
es que mi corazón al tuyo está
enganchado, por más que
sea rechazado, el olvido
nunca es esperado.
Llegará en el momento menos
deseado, trayendo otro corazón
y el tuyo será borrado.

A TI, MI ÁNGEL

A ti, mi ángel que proteges
mis sueños cada noche,
que no permites que algo me pase,
que procuras por mi bienestar.
A ti, que todo lo sabes,
que no te puedo ver,
pero sí te puedo sentir,
me gustaría que aparecieras
frente a mí.
Con tus alas suaves,
como si fueran de seda,
me gustaría pedir que
aparezcas delante de mí.
En momentos puedo verte
cuidando mis sueños
para ya no desvelarme
o cuando sueñe algo feo
no logre exaltarme.
Me gustaría que bajaras del cielo,
así te puedo ver y también
tocar, para poderte acariciar,
para que puedas escuchar
todo lo que te quiera contar.

QUISIERA

Quisiera que fueras un ángel
así cuando te llamo estás,
todo el tiempo te necesito,
todo el tiempo te he de extrañar,
quisiera contigo a cada momento
estar.
Necesito conocer el sabor de tus labios
también el de tu piel que
seguro debe saber a miel.
Necesito sentir la suavidad de tu piel,
ha de ser suave como la seda
de las sábanas al rozar.
El calor de tu cuerpo quiero que
me venga abrigar,
así más frío no he de pasar,
quiero que me abraces y
sentir que el cielo puedo tocar,
solo con las caricias que
tus manos me han de dar.

MIRO POR LA VENTANA

Miro por la ventana y
veo la lluvia caer,
es como si fueran lagrimas
que ayudan a mi corazón
a aliviar la pena por algo
que no fue.
Qué hermosa verdad
que de tu boca salió
qué terrible final para algo
que recién comienza y
ya tiene que terminar.
¿Por qué la vida es injusta
para los que amamos con pasión
y entregamos todo por amor?
de golpe nos encontramos tan
tristes y dolidos que no dan
ganas de vivir.
No dejo de pensar por qué
lo nuestro no se pudo dar,
miles de razones habrá,
pero todo esto quedó
en una amistad que va más
allá.

DESENCUENTRO

Cómo se encarga el destino
de cortar nuestros caminos,
hoy entendí lo que hubiese
sucedido si un romance
hubiéramos tenido,
si no te hubieses ido.
Y qué mejor que el destino
para unir nuestros caminos,
no puedo creer que lo hayas dicho,
lo que yo ya imaginaba y
mi corazón no podía callar,
mas las cosas no sucedieron
cómo pude imaginar.
Y es que en la vida
elegís amar a la persona
con la que quieres estar.

DE TU VIDA ME VOY

Vos me decís de tu vida me voy,
pero mi corazón queda hoy
herido de dolor,
mas comprendo tu situación,
es como volver al amor
que mató tu corazón,
ese que te hizo sentir
que perdías la razón.
Pero ¿qué es lo que encuentras en mí
que recuerdas el dolor que rompió
tu corazón?
Tú me dices somos amigos hoy,
más ese sentimiento no es una
simple amistad, es algo que está
acompañado por mi sinceridad.
Por sentir que debo decirte la verdad,
por decir que me niego a la infelicidad,
por decir que temo que te vuelvan a lastimar.
Si no te hubieses escapado de mi vida,
eso que te hacía recordar a la persona
que te quiso lastimar,
vos en mí lo hubieras podido cambiar.
Hoy a la persona con la que estás,

pienso que la cuidarás,
podrá alguna vez ocupar el lugar
de la única persona que
te dice la verdad.
Que demuestra su sensibilidad
y que se llama soledad,
que cuenta con tu sinceridad
para que le digas la verdad.
Que cuenta con una señal para
en tu vida entrar, que cuenta con
una palabra para hacerte acordar
a la persona que llegaste a amar.
Una vez me dijiste conocí a
una persona con mucha sensibilidad,
mas no me la quisiste nombrar,
yo te insistí y me dijiste no me hagas irritar,
mas debo creer que esa persona
se llama soledad.

TU CORAZÓN

Tu corazón es una caja de sorpresas
que no entiende mi razón,
es algo que necesita amor,
tu corazón es algo
que no puede callar tu voz,
es aquello que oculta tus sentimientos,
es aquello que la razón no entiende
y es algo que yo no entiendo.
Es sentir un sentimiento,
es sentir vivir de nuevo,
es sentir reír de nuevo.
¿Qué hay en tu corazón?
Hay sentimientos,
necesidad de amar, de ser
alguien nuevo,
pero también en tu corazón
hay miedo y a ese miedo
yo lo comprendo.
Miedo de volver a sufrir,
de volver a herir.
En tu corazón tiene que estar
el sentimiento que no te
haga sentir miedo, que te haga
ser un hombre nuevo.

NUEVA VIDA

En tu vida una nueva
etapa acaba de comenzar,
de cero tendrás que empezar,
en otra ciudad, en otro lugar.
Gente nueva has de apreciar,
al principio te ha de costar,
porque en otras personas
tendrás que confiar
que no sabes si te defraudarán.
Es un gran riesgo que has de necesitar
para saber si tus metas has
de poder alcanzar.
Tal vez muchos lugares
recorrerás antes de llegar
a saber dónde tu vida
has de empezar.
Ese lugar que todo te haga olvidar,
donde otra vez has de
volver a empezar.

EN ESTE DÍA

En este día de felicidad vos no estás,
no sé por qué será que la vida nos quita
y otras veces nos da,
solo puedo decir que tristeza me da
pasar por cada lugar que me hace recordar
todas las tardes que solíamos pasar.
Yo sé que muchas veces no te dije
lo que querías escuchar,
pero la vida un duro golpe me acaba de dar,
nunca pensé que de mi lado te iba a quitar.
Pero tengo que aceptar,
que donde estás no existen la tristeza
ni la infelicidad, allí en la eternidad
solo existe felicidad.
Las personas nos negamos a aceptar
el vacío que dejarás, no volviéndolo
a llenar ni con los mejores recuerdos
que nos has de dejar.

CUANDO

Cuando empiezo a recordar
todo lo que pude lograr,
empiezo a pensar qué feliz debes estar
por todo lo que pudiste imaginar
pero no llegaste a realizar.
Todo lo que de mí pudiste sacar,
en mis peores momentos,
mis sentimientos en una hoja pude volcar.
Y hoy que no estás, creo que dirás
estoy feliz por Soledad, por aquella amistad
que se hizo realidad, ojalá hoy y siempre
pueda perdurar.

UN AMIGO

Un amigo es un hermano
en el cual confiamos tanto,
es aquel con el cual contamos tanto,
un amigo es aquel con el que charlamos tanto.
Un amigo que es amigo es un enemigo negado,
que se vale de nosotros para
usarnos tanto,
que se vale de nosotros para mejorar
su ego, para mejorar su estado.
Necesitamos amigos que
no nos hablen todo el tiempo,
pues la amistad perdura en
la oscuridad del tiempo.

DE QUÉ SIRVE

De qué nos sirve vivir
si vivimos para sufrir y sufrimos para morir,
es mejor dejar de sentir, así no
sufrimos por vivir.
Vivir, ¿qué es vivir?
Vivir es sentir, vivir es reír,
pero ¿no es mejor morir?
Morir es no permitir
que alguien te haga sufrir,
también es dejar de sentir
y dejar de reír.
¿Qué es sufrir?
El amor es sufrir,
sentir es sufrir.
Porque no existe el amor
para vivir, en realidad el amor
nos hace morir y cuando nos damos
cuenta es tarde para
vivir, sentir y reír.

AMISTAD

Simple palabra para algo tan superficial,
encierra pensamientos y bien hacia
los demás,
amistad es una simple palabra,
tan llena de serenidad.
Es el significado de buenos deseos
hacia los demás, es tan fuerte
que ni el amor la puede superar.
Promesas compartidas,
momentos a realizar,
algo que tú y yo no podemos
quebrar.
Algo que el uno al otro nos
permite ayudar, algo en lo que
nos podemos aferrar.
Amistad, palabra llena de calma
y también de serenidad, algo que
es tan incondicional.

ILUSIÓN

Ilusión que embarga mi corazón,
pasión que no puedo aplacar,
solo con tu cuerpo la puedo saciar.
Fuego irrefrenable que sale de mi corazón,
que me hace vivir sin razón,
pasión que no puedo apagar,
solo con tus labios la puedo saciar.
Amor que crece en mi corazón
y que solo fue una ilusión
creada sin razón.
Para no perder tu amor
que solo dolor causó
a mi corazón.

ANOCHECE

Anochece y te busco en mis recuerdos,
no te puedo encontrar, será que
nunca exististe, que eres una ilusión
que dio vida a mi vida sin razón.
Iluminando cada día como si
saliera el sol, poco a poco
te empecé a querer y
no me di cuenta de que me podía enamorar.
Mas no sabía que sufriría,
que, con esta experiencia,
me equivocaría.
Pero si es amor lo que yo sentí por ti,
bendita equivocación porque me hizo
vivir una ilusión de amor.

ESTE DÍA

En este día lluvioso
miles de recuerdos que quería olvidar
empiezan en mi mente a figurar,
son recuerdos que dejé atrás
porque alguna vez me llegaron
a lastimar.
Quiero a mi alma tranquilizar, olvidando
a la persona que se tuvo que marchar,
fue difícil dejarlo atrás, aunque nos
unía una simple amistad,
que en mis momentos malos
siempre me supo apoyar.
A veces hablo al cielo
como si me pudieras escuchar,
agradezco los momentos
en los que pudimos estar.

LA VIDA

Mucha prueba nos hace pasar,
que intentaremos superar,
a veces nos preguntamos:
¿Por qué esto nos pasará?
¿Será para que entendamos todo lo que vendrá?
¿Para que cualquier obstáculo podamos superar?
¿Es que es un juego? No lo sé, la verdad,
solo puedo decir que a veces
la vida nos quita y otras veces nos da,
es para vivirla con tranquilidad, para
que nos podamos superar
y nuestras metas alcanzar.
Si muchas cosas difíciles en tu vida
tuviste que pasar, debes fortalecerte
para poderlas curar, es para darnos cuenta
de todo lo que podemos dar,
confianza y sinceridad o el valor de los consejos
que otros nos pedirán.
Los obstáculos que la vida nos pondrá
son para darnos cuenta lo que podemos enseñar,
que no todo en esta dura vida
es fácil de lograr.

A TI

Que escribes poemas
y otros que vendrán,
mas no sé cuándo ocurrirán.
Tengo que agradecerte
porque seguro me han de gustar,
esto que escribo hoy
es un agradecimiento en tu honor,
tus poemas hablan mucho de amor.
Son solo juegos de palabras
y en eso quedarán,
momentos que no existirán,
promesas que no serán,
abrazos que no se darán.
Solo sé que tu amiga Soledad,
siempre que pueda estará
para quedarse a conversar.

RECUERDOS

Este día es especial para mí,
recordé las charlas que teníamos,
largas e interminables.
Te recuerdo casi seguido, aunque
a veces me juega malas pasadas
el olvido.
Ya no duele tanto el saber que
te has ido tan lejos que
no podrás volver.
Nunca jamás a la vida
de las personas que querías;
quisiéramos voltear el reloj
de arena que fue tu vida
para tenerte otro instante
metido en nuestras vidas.

SIENTO

Siento haber encontrado
aquel amor añorado
que puede ser recordado.
Amor tan necesitado,
por mí tan esperado
me haces vivir pensando,
extrañando,
haces querer despertar a tu lado.
Amor que sorprendes en
momentos menos esperados,
cuando ya no tenía sentimientos
este corazón, apareces en el horizonte
con tus ojos color cielo
y una sonrisa que me deslumbró,
unas palabras que más que de
valentía, fueron de valor.
Me hicieron entender
que hay que superar
el desamor y darle una oportunidad
a otro corazón.

EXTRAÑO

Sentado en una montaña
mi alma en brazos
mi corazón rayado, juntando pedazos.
La más brillante de las noches,
mis manos ajadas,
mi trabajo diurno,
mi espíritu vagabundo.
Mis sueños dormidos,
extraño mi nido,
mi boca seca
suelta una mueca.
Mi sangre roja
mancha algunas hojas,
mis pies hinchados,
mis cabellos alborotados.
Las miradas buscan una parada,
mis llaves una entrada,
mi destino se juega,
hay cartas marcadas
el agua se endurece,
el aire se entumece,
tú el fuego serías
contigo el resto de mi vida.

JARRÓN CON ROSAS

Surgen en mi mente
mil palabras y mi corazón
alborotado me dice que será
otra noche de revolución.
Revolución de amor,
que mi loco corazón
no puede olvidar.
Contemplo aquel jarrón con rosas
y vuelvo a sonreír, con la tranquilidad
de saber que en la distancia
un amor espera por mí.
Revolución de amor
que encendió un corazón,
que se creía perdido,
pero con las vueltas del destino
encontró un camino.
Observo aquel jarrón
que devolvió la ilusión
de encontrar el amor
en otro corazón.

PERCIBO

Percibo que no estoy solo
después de la cena,
mi madre en la cocina
termina sus tareas,
mi hermano sentado
en la punta de la mesa y yo,
con mi vaso en la mano,
me relajo de un día duro de trabajo,
que me saca canas verdes y me hace enojar,
y la vida que muchas sorpresas me da,
y no puedo creer que aparezca
alguien a quien a escribir inspire.
Cuando me dicen mira
lo que creé con tan solo unas palabras,
una ilusión contemplé.
Unos versos bien rimados
pueden crear corazones enamorados
y destinos encontrados,
unos versos equivocados
pueden lograr corazones
lastimados.

MIRADAS

Miradas cristalinas,
estrellas en las miradas
de melancolía llenas.
Miradas en el nocturno cielo
preguntándoles en qué momento
todo se salió de control.
¿Cómo es que se nos llena la vida
de problemas y no les vemos solución?
Cuando tememos que una salida no hay
siempre una mirada se ha de encontrar,
ya sea una mirada de cambio de vida
o una mirada nueva, de amistad.
Miradas cristalinas en sus ojos
vemos, cariño y preocupación,
pero también admiración.

PRINCESA

Princesa guerrera que tu vida has de observar,
siempre de pequeña te tuvieron en una caja de cristal,
de adolescente tus batallas supiste dar,
de compañerismo y muchas cosas más.
Es tu momento ahora de esta parte
de tu vida afrontar.
Princesa, lo haces para mostrar que
todos tus sueños se cumplirán,
empezando por el libro que
siempre quisiste publicar.
Es un mensaje para todas aquellas
personas que sus sueños
pueden alcanzar y
que en esta vida
todo se puede realizar.

UN CASTILLO

Un castillo de arena voy a construir,
uno que las olas del mar
no puedan derribar, que sea
de construcción fuerte y
que resista al mar.
En una playa lejana,
fuera de la ciudad,
donde los barcos la vean cuando salgan a navegar
que llegue hasta el cielo y las estrellas pueda tocar,
que se mantenga en el tiempo y en la eternidad,
que sea color arena, como la arena del mar
con tintes color turquesa,
cuando el agua lo ha de rozar.